Inhaltsverzeichnis

Lustige Teddygeschichten

Bilder von
Ray Cresswell, John Francis, Helen Smith

Text von
Uwe Müller

EGMONT PESTALOZZI VERLAG, MÜNCHEN

Was spielen Teddys?

Der kleine Teddy ist auf der Suche nach Freunden. Als er fünf Hunde trifft, freut er sich riesig. „Hallo, ich bin neu hier", begrüßt er sie. „Ich heiße Philipp."

„Hallo, Philipp! Wir haben schon gehört, dass jetzt auch eine Teddyfamilie im Dorf wohnt“, antwortet einer von ihnen. „Übrigens, ich heiße Bonzo und das sind meine Brüder.“ Die vier bellen: „Wau, wau, wau!“ Dann schlägt Bonzo vor: „Spiel doch mit uns Wettbuddeln, das ist total spannend! Wer die meisten Knochen findet, der gewinnt.“

„Wettbuddeln?", fragt Philipp. „Wie geht das?" Bonzo glaubt, dass er sich verhört hat. „Sag bloß, das kennst du nicht! Das spielt doch jeder Hund und es macht riesigen Spaß." Der kleine Teddy schüttelt den Kopf. „Nein, kenn ich nicht. Aber ich mach trotzdem mit. Wo spielen wir denn?" – „Lauf einfach hinter uns her", sagt Bonzo.

Sie kommen in einen Garten und Bonzo erklärt die Regeln. „Also, Wettbuddeln geht so: Jeder sucht sich eine Stelle auf dem Rasen. Ich bin der Schiedsrichter. Auf mein Kommando fangen alle an zu graben und suchen nach Knochen. Ich zähle bis fünfzig. Wenn ich bei fünfzig bin, müsst ihr mit dem Buddeln aufhören. Dann zähle ich die Knochen, und wer die meisten hat, der gewinnt. Hast du verstanden?" Philipp nickt heftig. „In Ordnung", ruft Bonzo. „Dann kann es ja losgehen." Alle machen sich bereit. „Achtung! Auf die Plätze, fertig, buddeln!"

Nun beginnt eine wilde Wühlerei! Jeder gräbt, so schnell er kann. Schon nach kurzer Zeit ruft ein Hund: „Ich hab einen!", und wirft einen Knochen ins Gras. Kurz darauf hat der nächste einen gefunden und bald haben alle Hunde einen Knochen neben sich liegen.

Nur Philipp findet nichts. Er hat noch nicht einmal ein Loch gegraben, obwohl er sich mächtig anstrengt. „Was ist, Philipp?", fragt Bonzo. „Hast du keine Lust?" – „Doch, doch", antwortet der Teddy und versucht es weiter.

Aber Philipp kratzt nur ein bisschen auf dem Boden herum, er kommt einfach nicht tiefer. „Puh, ist das schwer", stöhnt er und sieht sich um. Die Hunde haben schon richtige Löcher gegraben. „Wieso können die das so gut?", denkt er. „Kennen die vielleicht einen Trick?"
In dem Augenblick fliegt ihm ein Stück Erde an den Kopf. Patsch! „He, Vorsicht! Ich werd ja ganz schmutzig!" Doch die Hunde hören nicht. Sie buddeln immer weiter und verteilen dabei Gras und Erde um sich herum.
„Ich glaub, das ist nichts für mich", meint Philipp. „Löcher buddeln kann ich einfach nicht." Bonzo kommt zu ihm und sagt: „Zeig mir doch mal deine Pfoten." Der Teddy streckt seine kurzen Arme aus. „Aha, dir fehlt ja auch etwas ganz enorm Wichtiges zum Graben", erklärt er. „So, was denn?" Der Hund streckt nun seine Pfoten neben Philipps. „Fällt dir was auf? Nein? Deine Krallen sind viel zu kurz!" Philipp ist erstaunt. „Natürlich, Teddys haben immer ganz kurze Krallen! Sonst kann man sich doch wehtun." – „Man muss nur richtig aufpassen, dann gibt's überhaupt keine Probleme", behauptet Bonzo.
„Euer Wettbuddeln ist kein Spiel für Teddys, das ist klar. Ich glaub, ich werd mir was anderes suchen müssen." Er steht auf, klopft sich die Erde aus dem Fell und ruft: „Tschüss, vielleicht sehen wir uns ja noch mal. Dann spielen wir aber was, bei dem ich auch mitmachen kann."

Bald darauf kommt Philipp an einen See mit einer kleinen Insel. Junge Enten planschen dort fröhlich im Wasser. „Hm, vielleicht kann ich mit denen spielen", überlegt er und geht über einen Holzsteg auf den See hinaus.
Als die Enten ihn sehen, schwimmen sie sofort zu ihm. „Wer bist du? Woher kommst du?", fragen sie.

„Ich heiße Philipp und wohn in der Nähe", antwortet er. „Aber ich bin erst vor kurzem hierher gezogen."
Die kleinen Enten gucken ihn von oben bis unten an. Dann machen sie einen Vorschlag: „Willst du mit uns spielen? Hier kann man ganz toll springen und tauchen." Philipp nickt begeistert.

„Ja, warum nicht", antwortet er. „Das hab ich noch nie gespielt. Wie geht das denn?" Die Entchen kichern. „Du weißt nicht, was tauchen und springen ist?" – „Doch, na klar weiß ich, wie man springt." Er macht es ihnen vor und hüpft auf und ab. „He, stopp!", schreien die Enten entsetzt. „Der ganze Steg bebt, gleicht kracht er zusammen!"
„Oh, Entschuldigung", murmelt Philipp und steht sofort wieder still. „Aber Tauchen hab ich noch nie gespielt."
„Ach, das ist gar nicht so schwer!", erklärt die Entenmutter. „Wenn du schwimmst, musst du nur einfach den Kopf unter Wasser stecken und mit den Füßen paddeln. Dann tauchst du wie von selbst unter."
Philipp ist etwas verwirrt. „Was, meinen Kopf unter Wasser stecken? Und wie krieg ich Luft? Das ist doch gefährlich!"
Die Entchen lachen. „Die Luft musst du natürlich anhalten. Erst tief einatmen und dann anhalten. Das kann doch jeder! Pass mal auf, wir machen's dir vor."
Sie springen ins Wasser – platsch! Anschließend atmen sie dreimal tief durch – haapfuuh, haapfuuh, haapfuuh! – und tauchen ihren Kopf unter – blubb, blubb! Schließlich strampeln sie auch noch mit ihren Füßen – patsch, patsch patsch! – und schon schaut nur noch ihr Bürzel aus dem Wasser heraus. Philipp guckt ganz ungläubig. „Siehst du, so leicht ist das", ruft ihm ein Entchen zu, als es wieder auftaucht. „Und es macht einen unglaublichen Spaß!"

„Das sieht wirklich lustig aus", denkt Philipp. „Ich glaub, ich versuch's auch mal." Er legt sich auf den Bauch und tunkt vom Steg aus ganz vorsichtig eine Pfote ins Wasser. „Was hast du denn vor?", fragt ihn die Entenmutter. „Na, ich muss doch sehen, wie nass das Wasser ist!" – „Quack, quack, quack, quack, quack!", lachen die Enten. „Wasser ist doch immer gleich nass, quack, quack, quack!" Das ist etwas Neues für den kleinen Teddy. „Ehrlich? Ja, so was. Dann seh ich eben nach, wie kalt es ist."

„Der ist vielleicht mal komisch", flüstert ein Entchen dem anderen zu. „Ob der überhaupt schwimmen kann?" Das andere Entchen meint: „Natürlich, das kann doch jeder." Plitsch! – Philipps Pfote taucht ins Wasser. „Uah!", schreit er. „Darin erfrier ich ja."

Jetzt sind die Enten erstaunt. „Wirklich? Also, uns ist es nicht zu kalt." Zur Probe springen sie gleich noch einmal in den See. „Das Wasser ist zum Tauchen genau richtig. Komm ruhig rein!"

Aber Philipp ist die Lust vergangen. „Auf keinen Fall. Nein, nein! Tauchen ist nichts für Teddys, da bin ich mir sicher." Er steht wieder auf und schüttelt seine Pfote. „Brrr, das Wasser ist viel zu kalt und viel zu nass. Ich such mir besser einen anderen Platz zum Spielen. Bis bald, tschüss!"

Langsam geht er über den Steg ans Ufer zurück. „Schade, wieder nichts", murmelt er vor sich hin.

„Gibt's hier gar keine Spiele für Teddys?", fragt sich Philipp traurig. „Nach Knochen buddeln kann ich nicht und kaltes Wasser mag ich nicht." Auf einmal sieht er in der Nähe einen Wald. „Prima, da geh ich hin, da ist bestimmt was los!" Schnell läuft er am Seeufer entlang zum Wald. Und tatsächlich kann er dort einige Tiere sehen.

„Hallo, ich heiß Philipp und such jemanden zum Spielen“, stellt er sich vor. „Ich bin Torsten“, antwortet ein Kaninchen, „und die drei hier sind meine Geschwister.“
„Welche Spiele kennst du denn?“, fragt ein Kaninchen. Der Teddy überlegt. „Auf Bäume klettern!“ Die vier Langohren schauen sich ratlos an.

„Das soll Spaß machen?", fragt Torsten. „Bäume sind doch viel zu hoch", sagt sein Bruder. „Wenn man da runterfällt, bricht man sich alle Beine!" – „Außerdem sind die Stämme zu glatt. An denen kann überhaupt keiner hochklettern!", behauptet eine von Torstens Schwestern. Nun ist Philipp etwas unsicher. „Naja, wenn ihr meint. Mir hat's jedenfalls immer Spaß gemacht."

„Ich hab's!", ruft Torsten plötzlich. „Warum bin ich nicht gleich draufgekommen?" Alle schauen ihn gebannt an. „Wir spielen einfach das Lieblingsspiel aller Kaninchen: Fangen! Da kann jeder mitmachen." – „Auch Teddys?", fragt Philipp erstaunt. „Sicher!", antwortet Torsten. „Jeder mit Beinen und Armen kann Fangen spielen! Hauptsache, du kannst laufen und zupacken." Da ist Philipp aber froh, denn natürlich hat er Beine und für einen Teddy läuft er sogar recht schnell. „Zupacken kann ich auch", denkt er, „schließlich hab ich ja kräftige Arme!" Zufrieden guckt er in die Runde. „Meinetwegen kann's gleich losgehen."

„In Ordnung, dann losen wir jetzt aus, wer der erste Fänger ist", bestimmt Torsten. Er nimmt fünf Grashalme. Vier sind gleich lang und einer etwas kürzer. Die hält er so zwischen den Pfoten, dass nur ein Ende herausschaut. „Jeder zieht einen Halm, und wer den kurzen erwischt, muss die anderen fangen." Nacheinander nehmen sich die drei Kaninchen und der Teddy einen Grashalm.

„Prima“, sagt Torsten und nimmt selber den letzten Halm. „Wer ist der Fänger?“ Jeder schaut auf seine Pfote. Da hebt Philipp seinen Grashalm hoch und brummelt: „Ich glaub, ich hab den kürzeren gezogen.“
Alle sehen ihn an, vergleichen seinen Grashalm mit ihrem und rufen dann: „Philipp muss uns fangen, Philipp muss uns fangen!“ – „Du weißt, wie Fangen funktioniert?“, fragt Torsten. Der Teddy zuckt mit den Schultern. „Ihr lauft weg, ich lauf hinter euch her und versuch, einen zu erwischen.“ Das Kaninchen nickt. „Stimmt genau! Du zählst jetzt bis drei und dann jagst du uns.“
Philipp zählt laut vor sich hin. „Eins, zwei, drei!“ Er stürmt los, hinter Torsten her. „Ich krieg dich!“, ruft er und streckt seine Arme aus. „Hahaha, von wegen“, lacht Torsten und schlägt einen Haken. Der Teddy bleibt stehen, verschnauft kurz und schaut sich um. „Hier bin ich!“ – „Fang mich doch!“ – „Na los, komm schon!“, rufen die Kaninchen laut und rennen um ihn herum. Philipp läuft wieder los. Fast hat er eines der Langohren gepackt. Doch das schlägt auch einen Haken und Philipp rennt mit voller Wucht – in einen Busch hinein. Krach!
„Das macht gar keinen Spaß, ich krieg ja nie einen von euch“, beschwert er sich. „Ihr seid viel zu flink.“ Dann steht er auf, schüttelt sich die Blätter aus dem Fell und sagt: „Auf Bäume klettern ist viel lustiger.“

„Das ist auf jeden Fall lustiger", ruft plötzlich eine Stimme über ihm. „Wer sagt das?", fragt Philipp und schaut nach oben. „Ich, Erik", antwortet ihm ein Eichhörnchen. Es guckt zwischen den Blättern hervor und winkt dem Teddy zu. „Das da sind übrigens meine Freunde!" In den Bäumen tauchen noch vier weitere Köpfe auf.

„Ich heiße ...", beginnt Philipp, aber die Eichhörnchen unterbrechen ihn: „Ja, wissen wir! Wir haben euch die ganze Zeit beobachtet. Du bist Philipp und findest, dass rumrennen blöd ist. Finden wir auch!"
Die fünf Tiere mit den Wuschelschwänzen huschen flink die Stämme hinunter und setzen sich vor ihn hin.

„Du bist ziemlich groß", meint ein Eichhörnchen. „Und dick!", ruft ein anderes kichernd. „Wieso?", brummelt Philipp. „Ich bin so wie jeder Teddy."
Erik lacht. „Nun sei mal nicht gleich beleidigt." – „Bin ich doch gar nicht", erwidert Philipp und stemmt die Arme in die Hüften. „Du möchtest also lieber klettern als laufen?" Der Teddy nickt heftig. „Ja, weil ich weiß, dass das Spaß macht. Besonders, wenn man oben im Baum ein Loch mit Honig drin findet!" Philipp verdreht die Augen und leckt sich die Lippen.
„Honig?", wundern sich die fünf Wuschelschwänze. „Den machen doch die Bienen und die stechen. Das tut verflixt weh! Wir mögen lieber Nüsse und Eicheln. Die piksen wenigstens nicht."
„Du kannst ja mit uns in den Bäumen rumklettern", schlägt Erik vor. „Hast du Lust?" – „Na klar hab ich Lust! Endlich mal ein Spiel, bei dem auch Teddys mitmachen können", freut sich Philipp. „Dann lernst du, wie man richtig klettert. Nämlich so, wie wir Eichhörnchen das machen!"
„Ich kann das schon sehr gut, ihr werdet sehen", ruft der Teddy und krabbelt flink an einem Stamm hoch. „Naja, nicht schlecht", meint Erik. „Aber kommst du auch so schnell wieder nach unten?" Ohne eine Antwort rutscht Philipp am Stamm runter und steht lächelnd vor dem Baum. Die Eichhörnchen schauen sich an.

„Donnerwetter", sagt Erik. „Für so einen Riesen bist du ganz schön schnell. Mach doch bei uns mit!" Philipp freut sich. „Au ja, gerne."
Zusammen mit den Eichhörnchen klettert er die Bäume hoch und macht es sich auf den Ästen bequem. „Hach, ist das schön", seufzt er zufrieden. „Endlich mal ein Spiel, das mir auch gefällt." Dann macht er die Augen zu und döst vor sich hin.
„Guck mal, kannst du das auch?", fragt ihn auf einmal ein Eichhörnchen. „Hm, was?" Philipp schaut sich verschlafen um. „Na, das hier!" Vor seinem Gesicht fliegt ein braunes Wuschelfell vorbei und kreischt: „Hui!"
„Uah!", erschrickt Philipp. „Was war das? Was soll das?" In dem Augenblick sieht er, wie etwas Braunes von einem Baum zum anderen fliegt.
„Hihihi!", kichern die Eichhörnchen. „Wir sind's nur." Der Teddy guckt erstaunt. „Was macht ihr denn da?" Erik springt zu ihm auf den Ast. „He, Vorsicht! Sonst fallen wir runter!", ruft Philipp entsetzt. Zu spät! Der Ast schwingt hin und her. Das Eichhörnchen kann sich noch festhalten, aber Philipp rutscht ab! „Hilfe!", schreit er und versucht sich festzuklammern. Doch er kann den Ast nicht richtig greifen! Bums! landet er auf dem Boden. „Aua!", schimpft Philipp. „Mit euch ist Klettern viel zu gefährlich. Da kann man sich ja Arme und Beine brechen!"

Schmollend steht er auf, reibt sich den Po und geht weg. „Bleib doch noch!", rufen ihm die Eichhörnchen nach. „Wir können ja auf kleine Bäume klettern." Philipp winkt ab. „Nein danke, vom Klettern hab ich erst mal die Nase voll." Nach kurzer Zeit lässt er den Wald hinter sich und kommt zu einem Bauernhof. Dort sieht er vor einer Mauer zwei Katzen. „Was machen die denn?", denkt er. Sie springen nämlich mal hoch, mal zur Seite. Dann laufen sie ein Stück vor und hüpfen sofort wieder zurück.

„Hallo!", ruft Philipp ihnen zu, doch sie reagieren nicht. „Ähem, ähem!", räuspert er sich laut. Die beiden Katzen drehen ihm erschrocken das Gesicht zu. „Oh, hallo. Wir haben dich gar nicht gehört." Aus dem Gras streckt eine Maus ihren Kopf hervor und piepst: „Hallo, Teddy! Wir spielen gerade Entwischen. Du kannst mitmachen, wenn du willst." Philipp kratzt sich am Kopf. „Äh, ja, gerne. Ich heiß übrigens Philipp", stammelt er. „Ich bin Marlene und das sind meine Freundinnen Tine und Tinka", erklärt die kleine Maus. „Hallo!", grüßen jetzt auch die Katzen.

„Wie spielt man Entwischen?", fragt Philipp Marlene. „Das ist ganz einfach. Ihr müsst versuchen, mich zu fangen." Das kommt ihm zwar bekannt vor, aber er spielt mit. Die kleine Maus huscht durch das Gras und die Katzen rennen hinter ihr her. Philipp versucht auch, Marlene zu erwischen, aber er ist nicht flink genug.

„Na, so was Ulkiges", brummt auf einmal jemand. „Ein Teddy und zwei Katzen rennen hinter einer Maus her. Das hat die Welt noch nicht gesehen."
Philipp hält an und schaut zur Mauer. Ein Teddy stützt sich mit den Ellenbogen darauf und grinst ihn an. „Tachchen, ich bin Dominik und wohn auf dem Bauernhof dahinten."

„Guten Tag, äh, hallo“, antwortet Philipp ganz verdutzt. Er hat geglaubt, er sei der einzige Teddy in der Gegend. „Ich heiße Philipp und ich wohn drüben im Dorf.“ – „Und du spielst solche Spiele?“ Philipp schüttelt den Kopf. „Nein, aber ich hab bisher noch niemanden gefunden, der Teddyspiele kennt.“

Dominik öffnet das Tor. „Das wundert mich nicht. Außer uns gibt's hier nämlich keine Teddys. Aber jetzt komm erst mal mit zu mir nach Hause. Da zeig ich dir richtige Teddyspiele.“ Philipp ist einverstanden. Er winkt Marlene und den Katzen zu. „Tschüss, bis bald!“ Dann laufen die beiden zum Bauernhof.

Dominik sagt: „In der Scheune kann man klasse spielen. Ich zeig's dir!“ Die beiden laufen in das Gebäude. „Oh, alles voller Heu!“, staunt Philipp. „Genau, und dieser riesige Heuberg ist eine super Rutschbahn“, erklärt Dominik und steigt hinauf. „Achtung, ich komm jetzt!“ Er setzt sich auf den Hosenboden und dann rutscht und purzelt er hinunter zu Philipp.

„Probier's doch auch mal“, meint er lachend. „Es ist total ungefährlich und ungeheuer spaßig!“ Philipp traut sich nicht so recht. „Ich weiß nicht“, druckst er herum. „Na los, sei kein Angsthase“, sagt Dominik und klopft ihm auf die Schulter. „In Ordnung.“ Philipp krabbelt langsam den Berg aus Heu hoch und setzt sich oben vorsichtig hin.

„Jetzt einfach runterrutschen!", ruft ihm Dominik von unten zu. „Ist das hoch", denkt Philipp. Dann holt er Schwung und saust hinunter – hui! „Platz da!", schreit er und rumst gegen Dominik. Beide kugeln über den Boden. „Klasse!", jubelt Philipp. „Sag ich ja!", lacht Dominik und klopft sich das Heu aus dem Fell.

Die beiden Teddys toben schon eine ganze Weile im Heu herum, als Philipp fragt: „Spielst du eigentlich immer nur alleine?“ Dominik setzt sich auf den Boden. „Du meinst, weil es hier keine anderen Teddys gibt?“ Philipp nickt. „Ich spiel oft mit den Tieren aus der Nachbarschaft. Wir haben sogar einen richtigen Fußballverein gegründet!“

Philipp guckt den Teddy mit großen Augen an. „Ehrlich? Ein richtiger Verein wie der 1. FC Plüschohr?“ Dominik wird etwas verlegen. „Naja, nicht so ganz. Wir haben noch keinen Namen und wir sind auch nicht in der ersten Teddyliga. Aber wir spielen jeden Tag und auf unserer Fußballwiese gibt es sogar zwei Tore!“

Philipp ist begeistert. „Worauf warten wir dann noch? Los, wir trommeln die anderen zusammen!“ – „In Ordnung“, antwortet Dominik. „Ich muss nur noch den Ball holen. Auf den pass ich nämlich auf!“

Die beiden laufen zuerst zum Hund Bonzo. „So bald sehen wir uns wieder“, begrüßt er Philipp. „Ihr kennt euch?“, fragt Dominik erstaunt. „Klar, Philipp hat mit uns um die Wette gebuddelt.“ Der Teddy zuckt mit den Schultern. „Ach so! Na, ich kann mir denken, wer gewonnen hat.“

Dann holen sie die anderen Tiere ab: das Kaninchen Torsten, die Katze Tinka, die Ente Elfi und das Eichhörnchen Erik. Alle freuen sich, Philipp wieder zu sehen. „Fußball spielen macht auch nicht nass!“, schnattert Elfi.

„Mal sehen, was du so drauf hast“, ruft Dominik. „Kein Problem“, meint Philipp und stürmt los. Bevor Dominik überhaupt reagieren kann, hat er sich schon den Ball geschnappt. „Das ist das richtige Spiel für Teddys!“, freut sich Philipp und tritt gegen den Ball. Nun hat er doch noch Freunde und sogar einen Fußballverein gefunden.

Der Ball

Die drei Teddybrüder spielen im Garten Ball, aber es gibt Streit, weil Felix zu klein ist und deshalb nie den Ball fängt. „Mit dir macht das keinen Spaß“, schimpft Jens und rückt die Mütze gerade. „Geh in dein Zimmer und spiel da!“

Jonas nickt und hält den Ball fest. „Dann können wir beide wenigstens richtig spielen", sagt er.
„Ihr seid gemein und euer doofer Ball soll platzen!", weint der kleine Felix. „Dann guck ich eben Bilderbücher an, aber ohne euch!" Er läuft in sein Zimmer, schnappt sich ein Buch und setzt sich wütend auf den Boden.

„Große Brüder sind blöd“, murmelt Felix. „Und blöde Spiele spielen die auch. Bilderbücher sind viel besser.“ Er blättert in seinem Buch herum, aber so richtig Lust zum Anschauen hat er nicht. „Das ist langweilig“, denkt er. „Mal sehen, was spiel ich denn jetzt?“ Er wühlt in seiner Spielzeugkiste. Da hört er, dass seine Brüder ins Haus kommen. Felix will wissen, was sie vorhaben, und schleicht sich zum Zimmer von Jens. „Die dürfen mich bloß nicht sehen!“, überlegt er.

Die Tür steht einen Spaltbreit offen und er guckt vorsichtig hinein. Gerade legt Jens den Ball und seine Mütze auf das Regal über dem Bett. „So“, sagt er, „hier sind sie sicher, und wehe, ich erwische Felix in meinem Zimmer!“ – „Dann können wir ja jetzt Fahrrad fahren“, meint Jonas.

Schnell versteckt sich Felix. „Wenn die beiden weg sind, schnappe ich mir den Ball. Und die Mütze noch dazu. Ha, dann wird Jens sich richtig ärgern!“

Er hockt hinter seiner Zimmertür und lauscht angestrengt. Die beiden gehen in die Küche und in Jonas’ Zimmer. „Warum sind die noch nicht weg? Was machen die bloß so lange hier?“, fragt sich Felix ungeduldig. Plötzlich hört er, dass die Haustür zufällt. Er späht aus dem Fenster und sieht, wie seine Brüder auf die Fahrräder steigen und davonfahren. „Jetzt bin ich dran!“, denkt er und läuft schnell in das Zimmer von Jens.

Dort bleibt er ratlos vor dem Bett stehen. „Wie komm ich bloß an die Sachen ran? Ich hab's, ich kletter einfach auf das Bett." Gesagt, getan. Felix muss sich zwar noch etwas strecken, aber er schafft es. „Jetzt nur noch die Decke glatt streichen, sonst merkt Jens sofort, was ich hier gemacht habe!" Danach rennt er zurück in sein Zimmer.

Fröhlich tanzt er im Zimmer herum und singt dabei: „Ball und Mütze hab jetzt ich, ätschibätschi! Ball und Mütze hab jetzt ich, ätschibätschi!" Doch bald hat er keine Lust mehr zum Singen und Tanzen. „Was mach ich nun mit den Sachen?", fragt sich Felix.

Auf einmal bekommt er einen Riesenschreck. „Auweia, was passiert bloß, wenn Jens und Jonas sehen, dass ich die Sachen genommen habe? Ich krieg sicher dicken Ärger." Da ist er gar nicht mehr fröhlich. „Die meckern bestimmt ganz laut und dann gibt's garantiert auch noch Schimpfe von Mama und Papa."

Traurig guckt er zum Ball. Aber an seinen Platz will er ihn auch nicht zurücklegen. „Nein", sagt er trotzig, „Jens soll sich ruhig wundern, wo die Sachen geblieben sind."

Plötzlich hat er eine Idee. „Warum muss ich denn zu Hause bleiben? Ich geh einfach raus! Vielleicht find ich jemanden, der genauso klein ist wie ich. Mit dem kann ich dann ja Ball spielen."

Felix setzt die Mütze auf und bückt sich nach dem Ball. Wupp! – rutscht ihm die Mütze auf die Nase und er sieht nichts mehr. „Viel zu groß", murmelt er. „Warum hat Jens auch so einen dicken Kopf!" Er setzt sie wieder richtig auf und hält sie mit einer Pfote fest. Mit der anderen schiebt er sich den Ball unter den Pullover und dann rennt er aus dem Haus.

„Hm, wo geh ich jetzt hin?", überlegt er. Dann hüpft er den Weg entlang in Richtung Wald. Die Mütze hält er dabei gut fest, damit sie ihm nicht über die Augen rutscht. Als er an einer Igelfamilie vorbeikommt, fragt ihn der kleine Igel: „Du hast aber einen dicken Bauch, hast du zu viel gegessen?" Felix lacht. „Nein, das ist nur ein Ball!"

Als er am Wald ankommt, hört er lautes Geschrei. „Was ist da denn los?" Vorsichtig geht Felix den Weg entlang und lauscht. „Wir sollen aber nicht am Bach spielen, hat Mama gesagt!", schreit jemand. „Wieso nicht?", fragt eine andere Stimme. „Weil da einer reinfallen kann!" – „Ja und?" – „Der ist dann pitschenass und kriegt Schimpfe!"

„Die Stimmen kenn ich doch“, denkt Felix. „Das hört sich ganz nach den Fuchsbrüdern an.“ Da erreicht er auch schon eine Lichtung. Tatsächlich, dort stehen vier kleine Füchse und streiten sich kräftig. „Hallo!“, ruft Felix ihnen zu. Sofort ist der Streit zu Ende und einer der Füchse ruft: „Sieh mal an, der kleine Teddy Felix!“

„Was trägst du denn da unterm Pullover spazieren?", fragt ihn ein anderer. „Das ist der Ball von meinem Bruder Jens", antwortet Felix stolz. „Den hab ich ihm gemopst, und die Mütze gleich dazu!" Die Füchse sind begeistert. „Prima, los, wir spielen Ball." Felix wirft einem Fuchs den Ball zu und der wirft ihn weiter zum nächsten.
So geht das eine ganze Zeit, bis ein Fuchs meint: „Und jetzt spielen wir Fußball!" Schwupp – fliegt der Ball über Felix' Kopf hinweg zu einem anderen Fuchs. „Besser nicht", sagt Felix, aber da ist es schon zu spät. Die Füchse kicken den Ball hin und her, immer weiter auf die Lichtung hinaus und in Richtung Bach.
„He, kleiner Teddy! Du bist der Torwart, die richtige Mütze dafür hast du ja schon!", sagt einer der Füchse. Felix ist das gar nicht recht, aber was soll er machen? An den Ball kommt er so einfach nicht heran. Da stellt er sich besser zwischen zwei Bäume und versucht, ihn auf diese Weise zu fangen. „Na gut", murmelt er. „Ich muss aber bald wieder nach Hause." – „Kein Problem!", rufen die Füchse. Und schon geht die wilde Kickerei weiter.
Felix springt hierhin und dorthin, ohne Erfolg. Jedes Mal, wenn ein Fuchs auf das Tor schießt, versucht er den Ball zu halten. Doch das klappt nicht. „Tor! Tor!", schreien die Füchse und einer von ihnen rennt sofort los, um den Ball zu holen. Keine Chance für Felix.

Da fällt ihm etwas ein. „Wir können doch etwas anderes spielen", schlägt er vor. „Ich weiß auch schon, was." Er erklärt den Füchsen seine Idee: „Ihr vier stellt euch im Kreis auf. Ich geh in die Mitte. Und wenn ihr euch den Ball zuwerft, versuch ich ihn zu fangen. Und wenn ich den Ball fange ..." – „ ... dann kommt der in die Mitte, der ihn geworfen hat. Kennen wir, haben wir schon in der Fuchsschule gespielt!", rufen die vier dazwischen. Dann stellen sie sich auf und fangen an zu spielen. „Puh", denkt Felix erleichtert, „klappt ja prima. Hauptsache, ich krieg den Ball jetzt auch!"
Aber das ist gar nicht so einfach. Der Ball fliegt von einem Fuchs zum anderen und Felix läuft ständig nur hinterher. Das finden die Füchse besonders lustig und verspotten den armen Teddy auch noch. „Na los, lauf schon!" – „Schneller, du lahme Schnecke!" – „Hier ist der Ball! Krieg ihn doch!" Felix ist völlig außer Atem. „Pause!", keucht er. „Ich kann nicht mehr."
Plötzlich tritt einer der Füchse mit voller Wucht gegen den Ball. Der fliegt und fliegt und fliegt über die Köpfe aller hinweg – direkt in den Bach hinein. Platsch! „Auweia!", schreit Felix entsetzt. „Schnell, haltet den Ball fest!" Doch die Füchse denken gar nicht daran. „Tschüss, hat Spaß gemacht!", rufen sie. „Den Ball kriegst du ja auch ohne uns wieder." Schnell laufen sie durch den Wald davon.

Felix sieht den Füchsen wütend nach, dann dreht er sich um. Aber der Ball ist schon ein ganzes Stück weit den Bach hinuntergetrieben. Er läuft ihm hinterher, so schnell ihn seine kurzen Beine tragen, und hat ihn schließlich eingeholt. „Wie fisch ich den jetzt aus dem Wasser?", fragt sich Felix. „Ich hab's! Mit einem langen Stock."
Den findet er auch recht schnell. Nur ist der Ball in der Zeit weitergeschwommen. Felix rennt, überholt ihn und wartet am Ufer. „Ganz vorsichtig", murmelt er. Er beugt sich vor und angelt mit dem Stock nach dem Ball. Aber dabei rutscht ihm die Mütze ins Gesicht. Felix schiebt sie hoch und sieht gerade noch, wie der Ball vorbeitreibt. „Na gut", brummt er und läuft wieder los. „Dann eben noch einmal. Da ist er, jetzt krieg ich ihn." Er muss aufpassen, dass er keine nassen Füße bekommt. Felix tastet sich langsam ans Ufer heran. „Hier ist es gut, hier schnapp ich ihn", überlegt er. Zuerst schiebt er sich aber die Mütze weit in den Nacken, damit sie ihm nicht noch einmal vor die Augen rutscht. Dann macht er sich ganz lang, angelt mit dem Stock nach dem Ball und – verliert das Gleichgewicht!
„Uah!", schreit er. „Oh nein!" Die Frösche springen voller Angst beiseite und die Fische gucken ganz erstaunt nach oben. Was macht der Teddy da bloß? Tja, was macht er? Er rudert wild mit den Armen, hebt dabei das linke Bein und schreit noch einmal: „Uah!"

Dann kippt er nach vorne und – plumpst kopfüber in den Bach. Platsch! Felix grabscht noch nach dem Ball, aber erwischt ihn nicht mehr. „Auweia!", jammert er. Zum Glück kann er sich noch die Mütze schnappen, als sie an ihm vorbeitreibt. Patschnass sitzt er nun im flachen Wasser und schimpft. „So was Blödes!"

Der Ball ist weg. Felix ist ganz jämmerlich zu Mute. Er setzt sich unter einen Baum direkt am Bachufer und legt die Mütze voller Wasser neben sich.

„Was werden Jens und Jonas dazu sagen, dass ich den Ball verloren habe?", jammert Felix. „Und Mama und Papa, weil ich klatschnass bin?" Er fängt an zu weinen, so unglücklich ist er. „Hätt ich den Ball doch bloß da gelassen, wo er war! Dann wäre jetzt alles in Ordnung."

Felix merkt gar nicht, wie die Zeit verstreicht. Er weint und schimpft zugleich und traut sich nicht nach Hause. Die Tiere des Waldes haben Mitleid mit ihm. „Sei doch nicht traurig, Teddy", sagt ein Igel. „Bälle gibt es genug", meint eine Waldmaus. „Du bekommst bestimmt einen neuen." Aber sie können ihn nicht trösten. „So einen Ball gibt's nicht noch einmal. Jens wird total böse sein!"

Mittlerweile ist es Abend geworden. Seine Eltern machen sich Sorgen um ihn, weil er noch nicht zu Hause ist. Mit Laternen gehen sie in den Wald. Die Igelfamilie hat ihnen erzählt, dass sie Felix dort zuletzt gesehen hat.

Der sitzt immer noch unter dem Baum und weint. Doch jetzt ist er nicht nur ärgerlich und traurig, sondern auch noch ängstlich. Plötzlich hört er jemanden rufen: „Felix! Wo bist du? Hallo!" Er bemerkt einen Lichtschein, der immer näher kommt.

„Ich bin hier!", schreit er überglücklich und springt auf.

Auf dem Waldweg sieht er seine Eltern und seine Brüder mit Laternen nach ihm suchen.
„Siehst du!", piepst die Waldmaus. „Da ist deine Familie schon. Die haben sich bestimmt Sorgen um dich gemacht."
Felix weint und lacht zugleich. Schniefend rennt er auf die Familie zu und springt seiner Mutter direkt in die Arme.

„Mama", schluchzt Felix. „Ich hatte solche Angst und ich wusste gar nicht mehr, wo ich war. Und der Ball ist weg, und ich bin in den Bach gefallen, und die Füchse sind einfach weggelaufen. Dann wurde es dunkel und ich ..." Seine Mutter streichelt ihm über den Kopf und sagt: „Alles ist gut. Wir sind ja jetzt bei dir."

In dem Augenblick kommen Jens und Jonas. „Was hast du mit dem Ball angestellt?", fragen sie. „Den haben die Füchse in den Bach geschossen", erklärt Felix. „Als ich ihn rausholen wollte, bin ich reingefallen und er war weg."

„So ein Mist!", schimpft Jonas.

„Keine Sorge", beruhigt ihn die Mutter. „Wir kaufen einen neuen. Hauptsache, wir haben Felix wieder."

Aber Jens hat auch etwas auf dem Herzen. „Wo hast du meine Mütze gelassen?", will er wissen. „Die liegt am Bachufer, dahinten bei den Bäumen", antwortet Felix.

Der Vater geht mit den beiden großen Brüdern zum Bach. „Da ist sie ja!", freut sich Jens. „Vorsicht!", sagt sein Vater. „Sonst plumpst du auch noch rein." – „Dann ist er nass wie ein Frosch!", schmunzelt Jonas.

Jens setzt sich die Mütze auf, ohne richtig hinzusehen. Platsch! – rauscht ihm eine große Ladung Wasser auf den Kopf! Und mit lautem „Quaak!" springt ihm ein Frosch über die Nase. „Hahaha!", lacht sein Vater. „Jetzt ist Jens auch noch pitschnass!" Jonas prustet laut los vor Lachen.

„Pfui, igitt!", schimpft Jens. „Alles pitschenass!" Die Mutter sieht zu den dreien hinüber und schmunzelt. „Nun weißt du, wie Felix sich gefühlt hat, als er in den Bach gefallen ist." Auch Felix lächelt und leise fragt er seinen großen Bruder: „Bist du mir böse?" – „Ach, Quatsch", brummelt der. „Ich bin froh, dass du wieder da bist."

Am nächsten Morgen müssen Jens und Jonas in die Schule. Auf Felix wartet in der Küche ein riesiges Frühstück: ein großer Becher mit warmen Kakao und zwei dicke Honigbrote.
„Danke, Mama", sagt Felix und trinkt erst mal einen Schluck. Als er die beiden Brote aufgegessen hat, sagt er: „Ich geh nachher zum Waldbach und such den Ball!"
Aber seine Mutter schüttelt den Kopf. „Du gehst nicht noch einmal alleine in den Wald. Sonst verläufst du dich wieder! Warte, bis Jens und Jonas zurück sind. Dann geht ihr zusammen." So richtig einverstanden ist Felix nicht. „Na gut", murmelt er.
Seine Brüder kommen mittags aus der Schule. Nach dem Essen beschließen die drei, gemeinsam nach dem Ball zu suchen. „Wir fangen im Wald an", erklärt Jens, „und gehen am Bach entlang, bis er in den großen Fluss mündet. Wenn wir den Ball bis dahin nicht gefunden haben, ist er für immer futsch!" Er setzt seine Mütze auf und rennt mit seinen Brüdern nach draußen. „Seid bloß vorsichtig!", ruft ihnen die Mutter hinterher.
Sie beginnen im Wald mit der Suche. Doch da finden sie nichts und folgen dem Bach auf eine große Wiese. Felix sucht angestrengt, denn er will den Ball unbedingt selber finden. Plötzlich schimmert etwas rot und gelb im Gras. „Was ist das denn?", fragt er sich und geht näher ans Ufer.

Er kommt zu einem Binsenbusch und traut seinen Augen kaum. „Hier ist der Ball!", schreit er ganz aufgeregt. „Ich hab ihn!"

Jens und Jonas rennen schnell herbei. „Klasse!", jubeln sie und klopfen ihrem kleinen Bruder auf die Schulter. Felix strahlt stolz. Wie froh ist er, den Ball gefunden zu haben!

Begeistert laufen die Brüder durch den Wald zurück und geradewegs nach Hause. Dabei singen sie fröhlich: „Wir haben unsren Ball zurück. Ist das nicht ein Riesenglück?" Sie tanzen an der Igelfamilie vorbei, die ihnen lachend zuwinkt. „Na, da scheint sich ja alles wieder zum Guten gewendet zu haben", sagt Vater Igel zu seiner Frau.
Als sie zu Hause ankommen, schlägt Jonas vor: „Lasst uns Fußball spielen!" – „Und du spielst natürlich mit", sagt Jens zu Felix. Der freut sich riesig und geht mit den anderen auf den Rasen vor dem Haus.
„Halt!", ruft Jens plötzlich. „Es fehlt noch was." Dann nimmt er seine Mütze ab und dreht sich zu Felix um. „Hier, die schenke ich dir." Er setzt sie ihm auf den Kopf. „Danke", stammelt Felix und weint fast vor Freude. Aber das kann zum Glück keiner sehen, weil ihm die Mütze über die Augen gerutscht ist.
„Ich bin der Torwart", sagt Jens. Felix und Jonas stellen sich in Position. Nacheinander schießen sie aufs Tor. Felix muss dabei seine Mütze festhalten. Er will ja schließlich auch treffen. Das gelingt ihm sofort. „Tor! Tor!", schreit er und tanzt herum. „Eins zu null für Felix", verkündet Jens. „Aber nicht mehr lange, denn jetzt komme ich!", ruft Jonas. Er nimmt Anlauf, Schuss und – Tor! „Hurra!", jubelt er. Und so geht es fröhlich weiter. Die drei spielen zusammen mit dem Ball, als hätte es niemals vorher Streit gegeben.

Zufrieden schaut ihre Mutter aus dem Fenster. Plötzlich muss sie lachen: Felix nimmt Anlauf, holt mit dem Fuß aus und – tritt daneben! Die viel zu große Mütze ist ihm schon wieder auf die Nase gerutscht und der Schwung hätte ihn fast umgerissen. Aber anstatt zu schimpfen, fängt er laut zu lachen an. Tja, so lustig kann Fußball sein.

Jonathan hat Geburtstag

„Fertig!", sagt Teddy Jonathan. Zufrieden schaut er auf den Tisch: Teller und Besteck, eine riesige Kirschcremetorte, ein dicker Apfelkuchen, sechs süße Kirschtörtchen und genug Orangensaft für alle. „Genau so muss ein richtiger Geburtstagskuchentisch aussehen", brummt er. „Aber ohne deine Hilfe wäre er nicht so toll geworden, Franziska."

„Das hab ich doch gern gemacht. Übrigens, wen hast du überhaupt eingeladen? Ich will ja nicht neugierig sein, aber ...", fragt das Eichhörnchen. Jonathan schmunzelt. Er kennt sie gut und ist ihr deshalb auch nicht böse. „Also, da wären die Gans Gerlinde, die Katze Ina, das Nilpferd Helmut, der Hund Max, das Kaninchen Jens und der Affe Florian. Und du natürlich!"

Jonathan guckt auf die Wanduhr. „Eigentlich müssten sie schon längst hier sein", wundert er sich. Er geht zum Schrank und holt die Gästeliste heraus. „Ich hab sie doch für heute eingeladen, oder?", fragt er sich. „Ja, heute Nachmittag. Da steht's."

„Mach dir keine Sorgen, Jonathan!", will ihn Franziska beruhigen. „Sie verspäten sich bestimmt nur ein bisschen."

„Vielleicht sind sie ja alle krank geworden", ruft er.

„Ach Quatsch! Doch nicht alle zugleich", meint Franziska. „Nun sei nicht so nervös, sie werden schon kommen!"

Aber Jonathan ist sich sicher, da stimmt etwas nicht. „Nein!", sagt er. „Ich geh lieber nachsehen. Könntest du hier bleiben? Damit sie nicht vor verschlossener Tür stehen, während ich unterwegs bin."
„Na klar", antwortet Franziska. „Ich esse inzwischen alles auf. Nein, war nur Spaß! Bis später, Jonathan."

„Ich geh erst zu Gerlinde", überlegt Jonathan. „Sie wohnt ganz in der Nähe." Das Haus der Gans steht nämlich auf einer kleinen Insel im großen See.
Als Jonathan ans Ufer kommt, sucht er das Floß, mit dem er auf Gerlindes Insel übersetzen kann. „Ah, da ist es ja, und hier liegt auch die Stange zum Staken." Vorsichtig schiebt er das kleine Floß ins Wasser. Dann steigt er drauf. „Uah, ist das wacklig!" Fast wäre er in den See gefallen. „Hoffentlich komm ich da heil rüber", denkt er. Zuerst gleitet das Floß nur langsam voran, aber schnell wird Jonathan mutiger. „Wenn man erst mal sein Gleichgewicht gefunden hat, macht das richtig Spaß!"
Schließlich erreicht er die Insel. Davor sitzen vier Frösche auf Seerosenblättern und spielen Ball. „Hallo!", ruft Jonathan ihnen zu. „Wisst ihr, ob Gerlinde zu Hause ist?" Einer quakt: „Ja, das wissen wir." Ein anderer fügt hinzu: „Wir wissen nämlich, dass sie nicht zu Hause ist!" – „Sie hat irgendwas eingepackt", meint ein dritter, „und das hier hat sie vor der Tür liegen gelassen." Er zeigt auf ein rotes Band und gelbes Packpapier. Jonathan wundert sich, denn normalerweise ist bei Gerlinde alles super aufgeräumt.
„Jawohl, ganz hastig ist sie weg", ruft ein Fisch. „Und ganz fein sah sie aus!", ergänzt der zweite. „Sie hat keinem was gesagt, als sie wegging", sagt ein Frosch.
Jonathan ist ratlos. „Wo kann Gerlinde nur hin sein?"

Und vor allen Dingen: Warum hat sie niemandem gesagt, was sie vorhat? Das ist wirklich seltsam.
Langsam stakt Jonathan das Floß ans Ufer zurück. Hinter ihm spielen die Frösche weiter Ball und scheinen ihn schon vergessen zu haben. „Denen ist es wohl egal, was mit Gerlinde passiert ist!", ärgert sich Jonathan.

Jonathan macht das Floß am Ufer fest und überlegt, zu wem er nun gehen könnte. „Ina, die Katze, wohnt nicht weit von hier. Bei ihr werd ich jetzt vorbeischauen!" Sofort macht er sich auf den Weg. Als er oben auf dem Wiesenhügel ankommt, kann er Inas Haus schon sehen. Aber es sieht recht verlassen aus. Mit seinen kurzen Teddybeinen rennt Jonathan den Hügel hinunter. Völlig außer Atem steht er vor Inas Haustür. Klopf, klopf! Und noch einmal: klopf, klopf! Niemand meldet sich. Na so was! Vielleicht hat sie ihn nicht gehört.

„Hallo, Ina!" Jonathan drückt die Tür auf. Er sieht keine Katze, aber dafür fünf Mäuse. Die sind vor Schreck ganz steif und starr. „He, bist du noch ganz bei Trost?", fragt ihn eine. „Du hast uns einen Riesenschreck eingejagt!"

„Entschuldigung", murmelt Jonathan verwirrt. „Ich dachte, Ina sei zu Hause." – „Ist sie nicht", erklärt die Maus. „Glaubst du etwa, wir säßen sonst hier?" Jetzt erst bemerkt er, dass die Mäuse fröhlich an Inas Vorräten knabbern. „Na, wenn das Ina wüsste!", meint Jonathan. „Hihihi!", kichern die Mäuse. „Sie weiß es aber nicht. Hals über Kopf ist sie aus dem Haus gelaufen und hat die Tür hinter sich zugeknallt. Nur das Fenster hat sie offen gelassen."

Unterm Küchentisch sieht Jonathan Papier liegen. „Die Mäuse haben sich sogar eine Picknickdecke mitgebracht", denkt er, „die sind aber dreist!", und schließt die Tür.

„Das wird ja immer seltsamer", findet Jonathan. „Gerlinde ist weg, mit unbekanntem Ziel. Und jetzt auch Ina! Mal sehen, ob Nilpferd Helmut zu Hause ist."
Er geht zurück über den Hügel, durch einen nahen Wald und kommt an einen Teich. An seinem Ufer steht das Haus von Helmut.

Im großen Garten sieht Jonathan vier von Helmuts Freunden: drei Krokodile und den dicken Elefanten. „Wenn die hier sind, dann ist garantiert auch Helmut zu Hause“, freut er sich.
Er geht zu den vier Tieren und ruft: „Hallo, wo steckt denn Helmut?“ Keine Antwort. „Na wartet“, denkt er.

Jonathan holt tief Luft und dann schreit er aus vollem Hals: „Heda, ihr Schlafmützen!" Die drei Krokodile rühren sich immer noch nicht. Aber der Elefant in der Hängematte hat ihn endlich gehört.
„Was? Wie? Wer?", fragt er völlig durcheinander. Er ist so erschrocken, dass er fast aus der Hängematte fällt.

„Huch!", ruft Jonathan. „Nur keine Panik!" Aber der dicke Elefant zappelt hin und her. Plötzlich macht es laut ratsch! und die Hängematte reißt in der Mitte durch. „Oh, Hilfe!", kreischt der Elefant. Er sitzt auf dem Hosenboden und guckt ganz verständnislos. „Was ist passiert? Warum ist die Hängematte kaputt? Wieso bin ich hier unten?"
Der Lärm hat sogar die Krokodile geweckt. Sie öffnen erst langsam ein Auge und schließlich auch das andere. Dann gähnen sie so herzhaft, wie das nur Krokodile können. „Uaah! Was soll der Lärm hier? Hat man denn nirgendwo seine Ruhe?"
„Entschuldigung", sagt Jonathan. „Ich will nicht stören, aber ich suche Helmut. Er ist doch daheim, oder?" – „Natürlich nicht! Oder glaubst du, bei dem Lärm wäre er im Haus geblieben?", entgegnet ein Krokodil.
„Ojemine!", jammert da der Elefant. „Helmuts schöne Hängematte ist kaputt. Und das ist deine Schuld! Hättest du nicht so laut geschrien ..." Er nimmt das eine Ende mit seinem Rüssel hoch und das andere zwischen die Vorderfüße. „Da kann man nichts mehr machen", seufzt er und dreht sich zu Jonathan um. „Den gesamten Vormittag hat Helmut da am Tisch gesessen und gebastelt." Er zeigt mit dem Rüssel zu einem weißen Gartentisch. Darauf liegt ein Bogen grünes Papier und ein gelbes Stoffband. Es sieht fast so aus wie bei Gerlinde auf der Insel.

Der Elefant erzählt weiter: „Plötzlich springt Helmut auf, ruft ‚herrje!' und rennt ins Haus. Kurz darauf kommt er wieder raus, ist fein angezogen und geht weg." – „Ohne was zu sagen?", fragt Jonathan ungläubig. „Tschüss hat er gesagt, das war alles", antwortet ein Krokodil. Der Elefant nickt eifrig. „Und ein Paket hat er auch mitgenommen."
Nachdenklich kratzt sich Jonathan hinterm rechten Ohr. „Ihr habt absolut keine Ahnung, wo Helmut hingegangen sein könnte?" – „Nein, überhaupt nicht! Vielleicht ist er ja bei Gerlinde", meint der Elefant. Jonathan schüttelt den Kopf. „Da war ich schon. Keiner zu Hause."
Was soll er bloß machen? Schon drei seiner Gäste sind verschwunden und niemand weiß, wohin. Da nützt es auch nichts, wenn er nach ihnen sucht. Am besten wird es sein, zu den übrigen Freunden zu gehen.
„Willst du nicht ein bisschen bleiben und mit uns Kekse essen?", fragt ein Krokodil. „Wir können Kakao machen und Apfelsaft haben wir auch!", fügt der Elefant hinzu.
„Danke, aber ich muss weiter. Ich will noch den Hund Max besuchen. Hoffentlich ist wenigstens er zu Hause."
„Prima, dann bleibt mehr für mich", freut sich der Elefant.
„Du bist schon dick genug!", ruft ein Krokodil und lacht.
„Guck dir doch nur mal die Hängematte an." Jetzt ist der Elefant beleidigt. „Du kriegst keinen Kakao!" – „Dann kriegst du auch keine Kekse!", schreit das Krokodil.

„Das wollen wir doch mal sehen!", trompetet der Elefant und stürmt zum Haus. Das Krokodil rennt hinter ihm her. „Bloß weg von diesen Streithähnen", murmelt Jonathan. Bis zum Haus von Max, dem Hund, ist es noch ein ganzes Stück. Jonathan muss sich beeilen, wenn er auch noch seine übrigen Freunde besuchen will.

Unterwegs begegnet er den Igeln, aber die haben Helmut, Ina und Gerlinde nicht gesehen. Auch das Reh weiß nicht, wo die drei geblieben sind. „Max ist bestimmt daheim, da bin ich sicher", denkt Jonathan und geht noch einen Schritt schneller.

Als er beim Haus von Max ankommt, klopft er vorsichtig an die Tür. Niemand meldet sich. Er geht hinein und schaut zuerst in der Küche nach. Aber da ist Max nicht. Auch im Wohnzimmer sitzt der Hund nicht. „Vielleicht hält er ja ein Nachmittagsschläfchen", überlegt Jonathan und schleicht leise ins Schlafzimmer. Doch Max ist nicht da! Auf dem Bett liegt nur sein Plüschhund und auf dem Tisch sieht Jonathan eine Schere und Papier.

„Wo ist er nur hin? Keiner ist daheim!", jammert er und sucht noch einmal im ganzen Haus nach Max. Er guckt sogar hinter die Vorhänge an den Fenstern, aber nichts. Jonathan überlegt hin und her: „Ob Max vielleicht bei jemandem zu Besuch ist?" Er geht ins Wohnzimmer zurück. „Na klar, Max ist bestimmt bei Jens, dem Kaninchen!"

Er geht durch die Küche zur Haustür. „Der Kaninchenbau ist gar nicht weit entfernt, da brauch ich nicht lange." Beruhigt schließt Jonathan die Tür fest hinter sich. „Vielleicht hab ich ja Glück und die anderen sind auch alle dort." Mit schnellen Schritten geht er den Weg entlang zum nahen Wald.

Jens wohnt nicht allein. In seiner Nachbarschaft gibt es sehr viele andere Kaninchen, die dort ihren Bau gegraben haben. Deshalb trifft Jonathan auch schon jemanden, bevor er überhaupt am Ziel ist.

„Ist Jens zu Hause?", fragt er das erstbeste Kaninchen. „Wer? Nie gehört", antwortet es und hoppelt weiter. „Na, das war wohl nichts", denkt Jonathan und geht tiefer in den Wald hinein. Bald ist er am Bau von Jens angelangt. Hier gibt es zwar viele Kaninchen, Mäuse und sogar einen Fuchs, aber keinen seiner Freunde.

„Hallo, wisst ihr, wo Jens ist?" – „Heute Mittag war er noch hier, aber dann ist er auf einmal weggerannt", erklärt ein Kaninchen. „Und ihr könnt mir nicht sagen, wo er hin ist?" Jonathan lässt nicht locker. „Nein", antwortet ihm ein anderes Langohr. „Er hat nichts gesagt, nur diesen Fetzen Papier hat er liegen gelassen."

„Hm, schon wieder Papier", überlegt Jonathan. „Genau wie bei den anderen. Ob das was zu bedeuten hat?" Dann schaut er den Fuchs an: „Weißt du etwas?" – „Ich? Nein, wieso?", ruft der erschrocken.

„Jens hat in letzter Zeit oft mit dem Affen Florian gespielt, frag den mal", rät ihm ein Kaninchen. „Der erzählt dir bestimmt was." Die Mäuse kichern. „Ganz sicher, der schnattert ja sowieso den ganzen Tag. Und pass auf die Bananenschalen auf, bloß nicht drauftreten!"

„Zu Florian wollt ich sowieso gehen“, erklärt Jonathan. „Der wohnt ja auch hier im Wald, da lauf ich gleich mal hin.“ Der Fuchs ruft ihm zu: „Die Affen spielen anderen Tieren gerne Streiche. Sei vorsichtig!“

„Keine Sorge“, erwidert Jonathan. „Das kenn ich schon.“ Dann läuft er durch den Wald zur Affensiedlung.

Auf seinem Weg trifft er noch einige andere Waldtiere, aber von denen kann ihm auch keines weiterhelfen. „Uns interessieren nur leckere Wurzeln und saftige Knollen", erklärt ihm eine Rotte Wildschweine. „Aber so was isst du wohl nicht, oder?" Auch die Bienen haben Besseres zu tun, als mit ihm nach seinen Freunden zu suchen. „Wir müssen Nektar sammeln, um Honig zu machen", summen sie. „Da bleibt keine Zeit für andere Dinge."

So ergeht es Jonathan bis zu dem Waldstück, in dem die Affen wohnen. Als er dort ankommt und sich umschaut, kann er niemanden entdecken. „Hallo, ist hier jemand?", ruft er. Keine Antwort. „Hallo, ich suche Florian!" Immer noch keine Antwort. Jonathan guckt hinter jeden Busch und starrt in die Baumkronen, aber er findet nichts und niemanden. „Oje, Florian ist auch nicht daheim", jammert er. „Keiner hat an meinen Geburtstag gedacht!" Nun ist er wirklich traurig.

Weinend läuft er unter den Bäumen her. Plötzlich ertönt über ihm ein lautes Geschnatter: „Heulsuse!", und „Hahahahaha!" Es sind die Affen! Sie haben sich zwischen den Blättern versteckt und ärgern ihn jetzt. „Du willst was von Florian?", ruft einer. „Wir geben dir was von ihm!" Und dann werfen sie mit Papierkugeln nach ihm. „Hier, das ist für dich, hahaha!", lachen sie ihn aus. Patsch! Aber Jonathan bemerkt das gar nicht. Ihm ist alles egal.

„He, kleiner Teddy! Du rennst aber schnell, verfolgt dich etwa jemand?“, brüllt ihm ein Tiger lachend hinterher. „Bleib doch noch ein bisschen“, kreischen die Affen und werfen weiter mit Papierkugeln. „So lustig wie hier ist es nirgendwo sonst!“ Jonathan hört gar nicht hin. Er will nur noch so schnell wie möglich nach Hause.

Bis nach Hause ist es ein langer Weg und Jonathan braucht ein Weilchen. Er muss durch Wälder und über Wiesen gehen, an Flüssen und Feldern entlang und an einem großen See vorbei.
Immer wieder fragt er sich, warum niemand zu seiner Feier kommt. „Hab ich ihnen vielleicht das falsche Datum gesagt? Haben sie meine Einladung nicht erhalten? Oder machen sie alle irgendwo Ferien?" Jonathan grübelt und grübelt, aber er findet keine Antwort.
Mittlerweile ist er schon fast zu Hause. Er biegt um eine dicke Linde und traut seinen Augen und Ohren kaum! Vor der Haustür stehen alle seine Freunde und singen: „Zum Geburtstag viel Glück, lieber Jonathan!" Dann lachen sie und rufen: „Nun komm schon, guck doch nicht so erstaunt! Oder ist heute etwa nicht dein Geburtstag?" – „Äh, doch, doch, äh, na klar. Wieso?", stottert er völlig verwirrt. „Wo kommt ihr denn her? Ich hab euch doch überall gesucht. Nirgendwo hab ich euch gefunden!" – „Wir haben uns getroffen, um gemeinsam zu dir zu gehen", erklärt die Katze Ina. „Es ist etwas später geworden, stimmt. Das tut uns Leid", fügt das Kaninchen Jens hinzu.
Jonathan ist immer noch verdutzt. „Macht ja nichts, Hauptsache ihr seid da! Aber für einen Moment dachte ich wirklich, dass niemand kommt." – „Wir vergessen dich doch nicht, Jonathan!", rufen seine Freunde. „Niemals!"

„Das ist für dich“, sagt Gerlinde und gibt ihm ein Paket. „Alles Gute!“ – „Ich hab auch noch ein Geschenk für dich!“ „Hier ist meins!“ – „Herzlichen Glückwunsch!“, schreien die anderen durcheinander. Jonathan freut sich sehr. Das ist wirklich eine Überraschung! „Vielen Dank! Aber jetzt gibt's erst mal Saft und Kuchen für alle. Kommt mit rein!“

Das Eichhörnchen Franziska macht ihnen die Tür auf. „Hereinspaziert, der Kuchen und die Torten sind ganz frisch!" Sie ist sehr aufgeregt, denn immerhin hat sie die Kirschcremetorte gemacht. Alle nehmen sich auch gleich ein Stück. „Ich bleib lieber bei meinen Bananen", sagt Florian und hangelt sich an die Zimmerdecke hoch. Die anderen mampfen ihre Tortenstückchen und murmeln dabei: „Mh, lecker, die schmeckt aber gut." Das freut Franziska natürlich und sie ruft: „Den Apfelkuchen müsst ihr auch unbedingt probieren! Die Äpfel hat Jonathan selbst gepflückt." So stehen sie alle um den Tisch herum, essen Torte und Kuchen und trinken Orangensaft. Bis auf Florian, der hängt ja an der Zimmerdecke.

„Ich danke euch, dass ihr alle gekommen seid", freut sich Jonathan. „Mit Freunden ist ein Geburtstag immer noch am schönsten." Der Meinung ist Max auch: „Stimmt, und deshalb lade ich euch alle hiermit zu meinem Geburtstag ein." – „He, halt!", ruft Helmut. „Zu meinem seid ihr auch eingeladen und der ist früher!" Da meldet sich Florian: „Meiner ist noch früher, zu dem müsst ihr auch kommen, das ist ja wohl klar!" – „Wie sollen wir denn die Bäume hochkommen?", fragt Jens. Gerlinde hat sofort eine Antwort: „Na, fliegen!" Helmut findet, dass das keine gute Idee ist. „Das funktioniert nicht!", meint er. „Oder hast du schon mal ein fliegendes Nilpferd gesehen?"

Ein fliegendes Nilpferd? Das sieht bestimmt komisch aus! Und Jonathan brummt: „Stellt euch mal vor, ich hätte Flügel und würde fliegen!" – „Oder du müsstest in meinen Bau kriechen", ruft Jens. Da lachen sie alle noch lauter. „Das ist mein schönstes Geburtstagsfest", sagt Jonathan schließlich. „Ich glaube, es war noch nie so lustig!"

Als es Abend wird, gehen alle nach Hause. „Tschüss, Jonathan!“, rufen sie zum Abschied. „Das war wirklich ein supertolles Fest!“ Jonathan winkt ihnen nach. Dann geht er zurück ins Haus und räumt auf.
„So“, sagt er. „Fertig! Nun pack ich aber erst mal meine Geschenke aus.“ Er setzt sich in eine Ecke und legt die Pakete, Schachteln und Päckchen um sich herum auf den Boden. „Hm, welches mach ich denn zuerst auf?“, fragt sich Jonathan. Er schaut nach links, er schaut nach rechts und überlegt hin und her. Schließlich nimmt er das Päckchen von Helmut. „Das ist am kleinsten, damit fang ich an.“ Als er es öffnet, lacht ihm – Helmut entgegen. „Ein Foto“, freut er sich. „Das hänge ich gleich zu den anderen. Jetzt hab ich Bilder von all meinen Freunden.“
Danach ist das Geschenk von Max dran. „Puh, ist das schwer“, stöhnt Jonathan. „Was kann da wohl drin sein?“ Er reißt das gestreifte Papier auf und zum Vorschein kommt – ein Einmachglas voll mit goldgelbem Honig! „Klasse!“, jubelt Jonathan. „Max weiß genau, was Teddys am liebsten essen.“ Er stellt das Glas vorsichtig in die Schachtel zurück, damit es bloß nicht zerbricht!
„Jetzt die runde Schachtel von Jens und dann das große Paket von Ina“, überlegt Jonathan. „Aber erst ist Florians Geschenk dran!“ Er reißt das geblümte Papier auf und traut seinen Augen kaum – es ist ein Ball drin!

„Den hab ich mir schon lange gewünscht!", ruft Jonathan glücklich. „Klasse! Jetzt kann ich endlich Fußball spielen." Dann seufzt er tief. „Ach, am liebsten hätt ich jede Woche Geburtstag, das wäre super! Ich könnte immer mit meinen Freunden feiern." Dann packt er die letzten Geschenke aus. Ob da auch wohl so tolle Sachen drin sind?

Der Teddy und die Mäusebande

„Dumdideldum", brummt Teddy Simon vor sich hin. Er ist besonders guter Laune, weil er gleich mit seinem Fahrrad zum Einkaufen in die Stadt fährt. Den Anhänger hat er schon befestigt und alles ist bereit.

Gerade schiebt er das Rad auf die Straße, als fünf Mäuse auf ihn zukommen. „Oha, die berühmt-berüchtigte Mäusebande", denkt Simon und schmunzelt. „Wen wollen die denn heute erschrecken?"

Die fünf Mäuse halten sich nämlich für unheimlich cool. Natürlich haben sie deshalb auch richtige Spitznamen. Der mit der schwarzen Brille nennt sich Brillen-Matze, aber eigentlich heißt er Martin. Die zwei mit den Schirmmützen sind Brüder. Zu dem mit der grünen Mütze sagen sie Skater-Richy und zum anderen Skater-Bill. In Wahrheit heißen sie Richard und Wilfried. Johannes ist der mit der grünen Jacke und der rosa Hose, aber er nennt sich selbst Jacken-Joe. Dann ist da noch Robert, der trägt immer nur Jeans und heißt Rocker-Robby.

„Hallöchen, Simon", sagt Brillen-Matze und stemmt die Hände in die Hüften. „Na, wo soll's denn hingehen?"

Der Teddy kann sich das Grinsen kaum verkneifen.

„In die Stadt, zum Einkaufen. Mein Freund Eduard kommt nämlich zu Besuch", antwortet er. „Das ist ja schön für dich", meint Rocker-Robby. „Wenn du nichts dagegen hast, fahren wir mit. Oder was meint ihr, Jungs?" Die anderen Mäuse sind natürlich einverstanden. „Klasse Idee, das machen wir! Los, alle Mann einsteigen."

Simon glaubt, er hört nicht richtig. „Also, äh, ich weiß nicht, eigentlich wollte ich ja ...", stottert er. Doch die Mäuse sind schon längst in den Anhänger gekrabbelt.
„He, guckt mal!", ruft Skater-Richy. „Das ist ja ein Cabrio, es gibt ein richtiges Faltverdeck." Die anderen vier pfeifen begeistert. „Eine absolute Luxuskarre hast du da, Simon." Sie machen es sich bequem und warten darauf, dass es endlich losgeht.
Simon steigt auf und tritt in die Pedale. Zuerst geht es noch ganz leicht, aber mit der Zeit wird es immer schwerer. Die Stadt liegt nämlich auf einem Hügel und den muss er jetzt hinauf. Mit einem voll besetzten Anhänger ist das natürlich nicht so einfach.
„Vorwärts, streng dich mal ordentlich an!", kommandiert Skater-Bill. „Genau, mach bloß nicht schlapp!", rufen die anderen.
Simon keucht und strampelt und schwitzt. „Ihr habt gut reden", stöhnt er. „Sitzt im Wagen, lasst euch ziehen und faulenzt rum."
„Jammer nicht, sondern spar dir die Luft. Bis zur Stadt ist es noch ein ganzes Stückchen", meint Skater-Bill. Dann steht er auf und stellt sich vorne in den Anhänger. Was hat er denn jetzt vor? Sein Bruder grinst und gibt ihm einen Stock. „Treib den Simon mal ein bisschen an", flüstert er. Die anderen kichern leise.

„Hüa, Simon!", schreit Skater-Bill auf einmal. „Gib Gas, du musst kräftig in die Pedale treten. Wir wollen vor dem Dunkelwerden wieder zu Hause sein. Und eins und zwei, und eins und zwei!" Mit dem Stock schlägt er den Takt dazu, wie ein Dirigent. „Warum nehm ich die bloß mit?", fragt sich Simon wütend.

Schließlich erreichen sie die Stadt. „Ich muss nur zu Minna Katze“, erklärt Simon. „Sie hat die besten Äpfel der Welt und genau die brauche ich für meinen Apfelkuchen.“ Er stellt sein Gespann vor dem Laden ab und geht hinein.
„Stark, hier gibt's ja massenhaft zu knabbern!“, freut sich Brillen-Matze. „Da können wir uns so richtig den Bauch vollschlagen.“ Die ganze Mäusebande klettert aus dem Anhänger heraus und stürmt hinter Simon her.
Der ist schon im Geschäft und sagt gerade zu Minna: „Ich hätte gerne zwei Kilo Äpfel. Ach ja, und Brot und Käse kann ich auch gleich mitnehmen.“ Die Mäuse grabschen alles an und so manches verschwindet in ihren Taschen. „Der Käwe ift aber lecker“, murmelt Skater-Bill mit vollem Mund und sein Bruder fügt hinzu: „Probier mal die Wurst hier, die ist spitze!“ So gröhlen die fünf Mäuse herum und mampfen sich durch Minnas Laden.
„Simon, hast du die etwa mitgebracht?“, fragt die Katze ärgerlich, als sie ihm die Einkäufe zum Fahrrad bringt. Dem Teddy ist das sehr peinlich. „Naja, irgendwie schon. Aber ich kann nichts dafür, ehrlich!“ Und dann ruft er den fünf Mäusen zu: „Jetzt reicht's, lasst gefälligst die Sachen in Ruhe, wir fahren wieder nach Hause!“
„Jetft chon?“ Skater-Bill isst immer noch. „Los, alle Mann einsteigen!“, kommandiert Jacken-Joe. „Wir hauen ab. Die sind sowieso viel zu unfreundlich hier zu ihren Kunden!“

Brillen-Matze schnappt sich noch eine Möhre. „Als Proviant, für die Fahrt!", ruft er Minnas Gehilfen lachend zu. Der Hase findet das gar nicht lustig und schimpft: „He, leg die zurück oder du musst sie bezahlen!"
„Nichts da!", antwortet die Maus. „Die Mäusebande kauft überall umsonst ein, kapiert?"

Die letzte Maus steigt in den Anhänger und sofort braust Simon los, aus der Stadt hinaus. „Bloß weg hier", denkt er. „Mit denen blamiert man sich ja überall. Je schneller wir zu Hause sind, desto besser."
Der Rückweg ist etwas leichter, weil es nun ein Stückchen bergab geht. Der Mäusebande gefällt das auch. „Bravo, endlich legst du mal einen Zahn zu, Simon. Es wurde ja auch Zeit!", schreien sie und: „Pass bloß auf, dass dich nicht die Polizei erwischt, weil du zu schnell fährst!"
Rocker-Robby ruft noch: „Das wird sonst teuer, hahaha!" Die ganze Bande lacht über Simon, aber er verdreht nur die Augen und denkt: „Hoffentlich ist diese Fahrt bald zu Ende." Und dann strampelt er noch schneller.
Nach der Hälfte des Weges beginnt es zu regnen. Zuerst fallen nur ein paar Tropfen, doch die Mäuse schreien sofort wild durcheinander. „Mist, meine Jacke wird total nass!", schimpft Jacken-Joe und Brillen-Matze jammert: „Meine Brille! Da sind Tropfen drauf, ich seh gleich nichts mehr!" Da steht Rocker-Robby auf. „Keine Panik, Männer! Ich hab alles im Griff." Mit einem Ruck klappt er das Verdeck hoch und sie sitzen im Trocknen. „Das ist gut", meint Brillen-Matze und setzt seine Brille wieder auf. Und dann macht sich die ganze Bande doch tatsächlich über Simons Vorräte her! Käse, Brot und Äpfel, alles futtern diese Schlingel auf. Aber Simon bemerkt davon nichts.

Als sie an der Entenfamilie vorbeifahren, grüßt Simon freundlich: „Guten Tag, Frau Ente!“ Ein kleines Küken ruft: „Hallo, Simon! Können wir mitfahren?“ In dem Moment beugt sich Skater-Richy aus dem Wagen heraus und sagt: „Kommt überhaupt nicht in Frage, hier ist alles voll! Besetzt von der Mäusebande!“

„Hihihi!", kichern die anderen. „Recht hat er, das hier ist nämlich ab sofort eine offizielle Mäusekarosse!", erklärt sein Bruder. Bevor die Bande noch mehr gemeine Dinge sagen kann, ist Simon schnell weitergefahren.
„Ihr seid ehrlich unmöglich!", ruft er nach hinten. „Könnt ihr euch nicht wenigstens jetzt benehmen?" – „Wieso, was gefällt dir denn nicht?", fragt Skater-Richy. „Es ist doch alles besetzt, oder etwa nicht?" Der Rest der Bande ist selbstverständlich seiner Meinung. „Stimmt genau, hier passt niemand mehr rein!"
Plötzlich bremst Simon. „He, da liegt doch Eduard neben der Straße!" Er lässt das Gespann bis zum Hasen rollen und springt schnell vom Sattel. „Eduard, was ist passiert?" Der Hase sitzt in einer Pfütze und hält sich das linke Bein. „Ich bin ich aus Versehen in ein Loch getreten und umgeknickt. Jetzt kann ich nicht mehr auftreten, weil das ganz schlimm wehtut", schnieft Eduard. „Und es blutet sogar!"
Simon sieht sich das Bein an. „Hm, hm, hm", macht er. Vorsichtig dreht er den Fuß nach links und nach rechts. „Aua!", schreit der Hase auf einmal und eine dicke Träne kullert seine Wange hinunter. „Das tut weh!"
Die Mäuse im Anhänger gucken und machen sich über die beiden lustig. „Der Hase soll sich nicht so anstellen, ist doch nur ein Kratzer", meint Skater-Bill und Jacken-Joe ruft: „Eduard, Heulsuse! Eduard, Heulsuse!"

Die Mäuse grinsen und essen auch noch die restlichen Einkäufe auf. „Seht euch mal den Hasen an. Der sieht aus wie ein begossener Pudel, hahahaha!“, gröhlt Jacken-Joe. Doch Simon und Eduard hören der frechen Bande gar nicht zu. Sie sind viel zu sehr mit dem Fuß des Hasen beschäftigt. „Lass die doch schreien!“, sagt Simon.

„Du kannst auf keinen Fall allein nach Hause humpeln", meint Simon. „Am besten bring ich dich zum Arzt. Die Wunde muss ein Fachmann versorgen." – „Wie soll ich denn bei dir mitfahren, etwa auf dem Fahrrad?" Eduard guckt unsicher. „Natürlich nicht!", beruhigt ihn der Teddy. „Du sitzt im Anhänger, der ist groß genug für dich."
Er hilft dem Hasen auf und geht mit ihm zum Fahrrad. Dort öffnet er das Anhängerverdeck. Das gefällt den Mäusen überhaupt nicht. „He, mach die Luke zu, es regnet rein!", schimpfen sie.
„Ihr müsst leider aussteigen", sagt Simon. „Eduards Fuß ist schwer verletzt und ich will ihn zum Arzt bringen."
Die Mäusebande ist stinksauer. „Soweit kommt das noch! Der soll alleine gehen!" – „Wir steigen nirgendwo aus, bei dir piept's wohl!" – „Meine Jacke wird nass, klapp das Verdeck wieder runter!"
„Nun stellt euch nicht so an", meint Simon. „Das hier ist ein dringender Notfall. Seht nur, wie sein Fuß blutet!"
„Nichts da!", schreien die Mäuse. „Denkst du, wir wollen nass werden, oder was?" Jacken-Joe fragt: „Wie sollen wir denn nach Hause kommen, hm? Hast du dir das schon mal überlegt? Wir haben ja noch mindestens den halben Weg vor uns." Die Skater-Brüder rufen: „Wir steigen hier nicht aus. Ist doch seine Sache, wie das Langohr zum Arzt kommt. Ohne uns, wir machen da nicht mit!"

Rocker-Robby guckt Simon an. „Dann ist ja wohl alles klar, oder? Wir bleiben im Trocknen und der Hase bleibt draußen!" Nun wird Simon doch etwas ärgerlich und brummt: „Eduard muss sofort zu einem Arzt, und zwar schnell. Also werde ich ihn hinbringen!" – „Aber nicht in unserem Anhänger!", schreit Rocker-Robby.

„Soll er sich doch auf die Fahrradstange setzen oder auf den Lenker", ruft Brillen-Matze. „Wir bleiben hier drin!"
„Jetzt reicht es mir aber!", schreit Simon plötzlich laut. „Ihr sitzt in meinem Anhänger, und wenn ich sage, dass ihr aussteigen sollt, dann tut ihr das auch gefälligst! Oder braucht ihr vielleicht meine Hilfe?", fügt er drohend hinzu. Dann schiebt er das Verdeck ganz zurück.
Für einen Moment haben es die Mäuse mit der Angst zu tun gekriegt. Trotzdem wollen sie den Anhänger nicht verlassen. „Nein, wir bleiben hier!" Sie hocken sich hin und verschränken die Arme vor der Brust.
„Rrrraus!", brüllt Simon. „Aber ganz schnell, sonst mach ich euch Beine!" Schnell wie der Blitz krabbeln die Mäuse aus dem Anhänger heraus.
„Du willst ein Freund sein? Pah, ein schöner Freund ist das, der seine Kumpel im Regen stehen lässt!", beschweren sie sich. „Und das alles wegen eines doofen Hasen, der sich den Fuß aufgeschürft hat."
Simon hilft Eduard in den Wagen. Dann schließt er das Verdeck. „Geht's so?", fragt er den Hasen. „Ja, danke", murmelt der.
„Na bitte schön", sagt Rocker-Robby. „Du bist schuld, dass wir jetzt nass werden und nach Hause laufen dürfen." Brillen-Matze stimmt ihm zu. „Ohne dich säßen wir immer noch in dem tollen Anhänger."

„Tut mir Leid, aber das hier geht vor!", erklärt Simon und steigt aufs Rad. „Wenn ihr euch beeilt, seid ihr ja auch bald zu Hause." Dann fährt er mit Eduard im Anhänger los. Die Mäusebande schimpft ihnen laut hinterher. „So eine Gemeinheit, das werden wir dir nie vergessen, du fieser Verräter! Uns hier einfach so stehen zu lassen."

„Zum Glück ist es nicht weit bis zu Doktor Wuff", erklärt Simon. „Seine Praxis ist gleich da vorn, hinter der nächsten Kurve!" Die beiden sausen die Straße entlang und stehen kurz danach vor Doktor Wuffs Tür.
„Warte, ich helfe dir." Simon hält den Hasen fest, während er aus dem Anhänger steigt. Dann stützt er ihn und sie gehen gemeinsam in die Praxis.
„Guten Tag", begrüßt sie die Arzthelferin. „Was fehlt euch beiden denn?"
„Äh, mir geht's gut", stammelt Simon. „Es ist mein Freund hier, er ist gestürzt." Die Füchsin schaut auf Eduards Bein. „Ja, ich sehe schon. Am besten geht ihr sofort mit mir in das Behandlungszimmer. Folgt mir bitte."
Der Hase muss sich auf eine Liege setzen und gleich darauf kommt auch schon der Arzt ins Zimmer. „Na, wo fehlt es uns denn?" Eduard hebt sein Bein. „Ich bin in ein Loch auf dem Bürgersteig getreten und umgeknickt." Der Doktor sieht sich die Verletzung genau an. Dann sagt er zu seiner Helferin: „Bringen sie mir doch bitte etwas, um die Wunde zu reinigen und auch Verbandsmaterial."
Anschließend erklärt er Eduard, was er gleich machen wird: „Ich werde zuerst alles säubern, dann stille ich die Blutung und zum Schluss gibt's einen schönen weißen Verband." Der Hase guckt etwas ängstlich. Da beruhigt ihn der Arzt: „Keine Angst, das tut nur ganz kurz weh."

Nach einiger Zeit ist Doktor Wuff fertig und wickelt einen Verband um Eduards Bein.

„So, das war's schon. Du musst das Bein ruhig halten", erklärt er, „damit es gut heilen kann. Das heißt, du darfst nicht herumrennen oder -springen. Und in einer Woche sehe ich es mir dann noch einmal an."

„Danke, Herr Doktor Wuff", sagt Eduard. „Keine Ursache, dafür bin ich ja da!", antwortet er lachend. „Tschüss, bis nächste Woche. Und nicht vergessen: Das Bein braucht Ruhe!" Eduard nickt und geht zusammen mit Simon nach draußen zum Fahrrad.

„Weißt du was?", sagt Simon. „Du steigst wieder in den Anhänger und wir fahren zu mir nach Hause. Immerhin wolltest du mich ja sowieso besuchen." – „In Ordnung. Gibt es denn deinen leckeren Apfelkuchen?"

Simon schüttelt den Kopf. „Nein, die Mäusebande hat mir unterwegs alle Äpfel aufgegessen. Aber ich hab noch Kekse und Kirschkuchen von gestern. Dazu mach ich uns eine große Kanne leckeren Kakao."

„Das schmeckt bestimmt klasse", meint der Hase. Mit Simons Hilfe klettert er wieder in den Anhänger.

Als sie im Haus des Teddys sind, darf sich Eduard in Simons großen blauen Lieblingssessel setzen. „So, und dein Bein legst du hier drauf", sagt Simon und schiebt ihm einen kleinen Hocker hin.

Kurz darauf stellt er Kekse und Kirschkuchen auf den Tisch. Er gibt Eduard eine Tasse Kakao und holt sogar noch ein Stück Käse. „Falls du Appetit auf Käse hast", meint Simon schmunzelnd.

„Du bist wirklich ein guter Freund", bedankt sich der Hase. „Ohne deine Hilfe wäre ich nie zum Arzt gekommen."

„Ach", seufzt Eduard, „so könnte ich es länger aushalten. Wenn nur das Bein nicht wehtun würde." Simon gibt ihm eine Tasse warmen Kakao und meint: „Hier, trink noch etwas. Und nimm dir ein Stück Kirschkuchen. Morgen hol ich wieder Äpfel, aber dieses Mal ohne die Mäuse!" Simon guckt grimmig.

„Was die Mäusebande jetzt wohl gerade anstellt?", fragt Eduard. „Ob sie etwa schon daheim sind?" Simon nickt heftig. „Ganz sicher. Sie mussten ja nicht mehr weit laufen. Der Fußmarsch ist die gerechte Strafe." Er nimmt einen Schluck aus seiner Tasse. „Da laden die sich einfach in meinen Anhänger ein, blamieren mich bei Minna Katze und fressen mir unterwegs meine Vorräte auf." – „Und mich hätten sie tatsächlich im Regen auf der Straße liegen gelassen." Simon steht auf. „Stimmt. Ob es wohl immer noch regnet? Lass uns mal nachsehen."

Er holt einen Handstock für Eduard und dann gehen sie ans Fenster. In dem Moment schlurfen die fünf Mäuse auf der Straße vorbei durch den strömenden Regen.

„Hatschi!", niest Rocker-Robby. Brillen-Matze sagt: „Wenn wir nicht so gemein gewesen wären, hätten sie uns sicher abgeholt und mitgenommen." – „Jetzt sind wir pitschenass und haben uns auch noch eine Erkältung geholt", fügt Skater-Bill hinzu und hustet einmal laut.

Simon und Eduard sehen sich an. „Geschieht ihnen ganz recht. Das wird der Bande hoffentlich eine Lehre sein", brummt der Teddy. „Die nehm ich bestimmt nie wieder mit in meinem Anhänger und einkaufen geh ich mit denen schon mal gar nicht mehr."

Dann sagt er zum Hasen: „Guck mal, wie triefnass die sind. Jetzt sehen sie wie begossene Pudel aus!"

Eduard antwortet ihm: „Ich bin ihnen gar nicht mehr böse. Sie haben garantiert daraus gelernt und wir sollten sie nicht im Regen stehen lassen."

„Hm, wenn du meinst", brummt Simon. „Du hast Recht, wenn sie weiter draußen rumlaufen, werden sie unter Umständen noch richtig krank. Holen wir sie rein."

Simon geht zur Haustür und ruft den Mäusen zu: „Hallo, wollt ihr nicht reinkommen? Es gibt Kekse, Kirschkuchen und Kakao. Sogar heißen Tee kann ich machen, wenn ihr möchtet."

Die fünf glauben, sie träumen. „Meinst du das ernst?", fragt Jacken-Joe. „Wo wir uns doch so mies benommen haben", meint Skater-Richy. Brillen-Matze glaubt Simon nicht. „Der macht sich doch lustig über uns."

„Ach Quatsch!", ruft der Teddy. „Kommt rein, die Sache von heute Nachmittag ist vergeben und vergessen." – „Im Ernst?" – „Ja, im Ernst", sagt Eduard, der gerade zur Tür gehopst ist. „Nun ... äh ... ja, gerne. Hier draußen ist es nämlich, äh, ziemlich nass!", stottert Brillen-Matze.

Die Mäusebande ist heilfroh, dass der Spaziergang durch den Regen endlich vorbei ist. Simon stellt jedem eine kleine Schüssel mit warmem Wasser hin. „Da könnt ihr eure Füße drin baden, das hilft gegen Erkältung. Und heißen Tee gibt's auch gleich."

Die Mäuse schämen sich, weil sie so gemein zu Simon und Eduard waren. Rocker-Robby will sich entschuldigen und geht zu dem Hasen. „Ich ... äh ... wir, also, ich meine, es tut uns ehrlich Leid, dass wir so doofe Sachen gesagt haben. Und wir hoffen, es geht dir bald wieder besser." Dann holt er einen Blumenstrauß hinter dem Rücken hervor. „Hier, die haben wir für dich gepflückt."

„Oh, danke, das ist aber nett", freut sich Eduard. „Und wo habt ihr die her?", fragt Simon. „Aus dem Garten von Frau Dachs", ruft Skater-Bill. „Äh, ich meine ..." – „Schon gut", sagt Eduard und prustet los. „Das gibt's nicht!" Simon lacht lauthals los. Die Mäuse gucken sich an und bald lachen alle im Teddyhaus Tränen. Was für ein lustiger Abend!

Ein toller Tag

„Aufstehen, Tobias!" Die Teddymutter zieht die Vorhänge beiseite. Tobias reckt und streckt sich. „Ich bin doch schon wach", brummt er und gähnt noch einmal herzhaft. Da fällt es ihm plötzlich wieder ein! Er springt aus dem Bett und rennt ins Bad.

Heute ist nämlich der große Tag. Die ganze Teddyfamilie möchte in den Freizeitpark fahren und Tobias freut sich schon lange darauf.

„Tobias“, ruft die Mutter. „Bist du bald so weit? Das Frühstück ist schon fertig.“

„Komme sofort“, blubbert Tobias durch den Schaum vor seinem Mund. „Muss nur noch meine Zähne putzen.“

„Wie bitte?“, fragt seine Mutter, denn sie hat kein Wort verstanden. Tobias hat wohl vergessen, dass man mit einer Zahnbürste im Mund nicht sehr deutlich sprechen kann.

„Was es wohl alles im Freizeitpark gibt?“, fragt sich Tobias und schaut in den Spiegel. Er zieht eine lustige Grimasse, nimmt einen großen Schluck Wasser und spült sich den Mund aus. „Vielleicht haben sie da Tiere“, denkt er. „Und Karussells.“

Während die Mutter Brote für die Fahrt schmiert, zeigt der Vater Tobias eine Karte des Parks. „Es gibt dort auch eine Eisenbahn", erklärt er. „Die roten Linien zeigen, wo sie hinfährt." „Kann ich da mitfahren?", fragt Tobias aufgeregt. Sein Papa lächelt und nickt. „Selbstverständlich!"

Kurze Zeit später sind sie mit dem Frühstück fertig. „Alle Mann ins Auto!", ruft Tobias.

Als sie im Wagen sitzen, fragt die Mutter: „Hast du dich auch richtig angeschnallt?" – „Na klar, Mama", antwortet Tobias und macht es sich auf dem Rücksitz so richtig bequem.

Dann geht die Fahrt los, hinaus aus der Stadt.

Der Weg zum Freizeitpark ist ziemlich weit, aber Tobias langweilt sich nicht. Es gibt so viel zu sehen.

„Mama", ruft er. „Guck mal, schon wieder eine Kuh! Und dahinten ist eine Stadt."

„Hinter der Stadt liegt der Park", sagt sein Vater. „Es dauert also nicht mehr lange, bis wir dort sind."

„Zuerst möchte ich mit der Eisenbahn fahren", erklärt Tobias.
Sein Vater lächelt. „Kein Problem. Mama und ich warten hier auf dich."

„Huhu!", ruft Tobias und winkt den Eltern zu. Er darf sogar in der schnaufenden Lokomotive mitfahren und hinter dem Lokführer sitzen.

Bald darauf isst die Teddyfamilie an einem Imbissstand zu Mittag.

„Oh!", sagt Tobias. „Seht doch mal, eine Pferdekutsche."

Alle schauen zur Kutsche, in der eine Horde lachender Teddykinder sitzt.

„Möchtest du auch damit fahren?", fragt ihn sein Vater.

„Nö!", antwortet Tobias. „Ich habe Hunger, ich esse lieber noch etwas."

Den Zoo findet Tobias besonders gut. „Die sind aber groß", bestaunt er die riesigen Dinosaurier. Dann geht er weiter zu den Vögeln.
„Papa!", ruft Tobias. „Der Kakadu hier kann sprechen. Pass mal auf." Er stellt sich vor den Vogel und sagt: „Hallo, ich heiße Tobias." Der Vogel legt den Kopf schief … „Kekse!", krächzt er. Tobias stutzt, dann lacht er laut.

Bald darauf fährt Tobias im Karussell. „Ich nehme das grüne Flugzeug!", sagt er und schon geht es los. Runde um Runde dreht Tobias, hoch und runter. „Juhu!", jauchzt er. „Das macht einen riesigen Spaß!"

Am liebsten würde er stundenlang Karussell fahren, aber seine Eltern rufen ihm zu: „Komm, Tobias! Wir gehen jetzt zur Wildwasserbahn!"

Die Boote sehen wie hohle Baumstämme aus. Tobias fährt mit einem davon eine große Rutschbahn hoch, braust von oben runter und saust dann durch eine Kurve. Als er an seinen Eltern vorbeifährt, guckt er ungläubig. Die Mutter hält einen großen, orangen Luftballon in der Hand! Sein Vater winkt und ruft: „Letzte Runde! Wir fahren gleich los!"

Nicht weit vom Freizeitpark entfernt macht die Teddyfamilie eine Pause.

„Hat es dir denn gefallen, Tobias?", fragen die Eltern. Er nickt begeistert. „Das war allererste Superklasse! Am liebsten würde ich noch mal in den Park fahren. Morgen schon, das wäre toll!"

„Gleich morgen wieder?", fragt der Vater erstaunt. „Das ist etwas früh. Wie wäre es an deinem Geburtstag?" – „Au ja!", freut sich Tobias.

Als die Teddyfamilie zu Hause ankommt, ist Tobias schon ganz müde. „Uaah!", gähnt er. „Was war das für ein toller Tag." Seine Eltern geben ihm einen Gutenachtkuss und dann geht er ins Bett. Aber vorher bindet er seinen Luftballon noch fest an die Stuhllehne.

Tobias schläft schnell ein und träumt bald von dem sprechenden Kakadu, vom Karussell und von der rasenden Wildwasserfahrt.

Vor dem Schlafengehen

Das ist der kleine Teddy Jonas mit seinem besten Freund Buschel. Wenn du wissen möchtest, was Jonas vor dem Schlafengehen alles macht, dann pass jetzt genau auf!

Zuallererst badet Jonas. Mit der Ente und dem Fisch spielt er in der Wanne. Plitsch, platsch! Das macht ihm riesigen Spaß. Nach einiger Zeit kommt seine Mama. „Wir müssen dich aber auch noch ein bisschen waschen", sagt sie und lacht. Dann holt sie eine Flasche mit Shampoo.

„Erst ist der Kopf dran und danach der Rest", meint die Mutter. „Aua, der Schaum beißt in den Augen!", meckert Jonas. „Wir sind schon fertig", antwortet sie. Er steigt aus der Wanne und seine Mama rubbelt ihn mit einem großen Handtuch trocken. „Ha, das tut gut", brummt er zufrieden.

Nach dem Baden ist Zähneputzen an der Reihe. Das macht Jonas gerne. Er nimmt seine Zahnbürste und drückt einen Streifen Zahnpasta drauf. Die ist zwar schneeweiß, aber sie schmeckt nach roten Erdbeeren. Danach schiebt er den Hocker vor den Spiegel und steigt drauf.

„Kuckuck", sagt er zu seinem Spiegelbild und schon geht's los. Schrubb, schrubb! macht die Bürste und blubb, blubb! macht Jonas. Sein Mund ist voll Schaum. Da ruft sein Papa: „Bist du fertig?" – „Ma, pfeif!", antwortet Jonas. Ob das wohl „ja, gleich" heißen soll?

Nach dem Zähneputzen zieht Jonas den Schlafanzug an und läuft in sein Zimmer. Der Plüschhase Buschel wartet schon auf ihn. „Igel, Bär und Wuffi Wau müssen auch mit ins Bett", überlegt Jonas. „Nun fehlt mir nur noch ein Buch mit Gutenachtgeschichten!"

Sein Papa liest ihm nämlich jeden Abend vor dem Schlafen eine Geschichte vor. „Ah, da ist ja das rosa Märchenbuch", sagt Jonas. Mit einem Arm voller Plüschtiere und dem großen Buch geht er zum Bett. „Papa, ich habe alles, du kannst jetzt kommen!", ruft er laut.

Jonas legt sich hin, zieht die bunte Decke hoch und nimmt seine Plüschfreunde in die Arme. „Papa, wo bleibst du?" Der Vater kommt ins Zimmer. „Nur die Ruhe, ich bin ja schon da", sagt er und lacht. „Na, was für eine Geschichte soll ich dir denn heute Abend vorlesen?"

„Ein Märchen aus dem dicken rosa Buch", antwortet Jonas. Sein Papa nimmt es von dem Stapel auf dem Nachttisch. „Und welches Märchen soll es sein?", fragt er. „Hänsel und Gretel oder Rumpelstilzchen?" Jonas überlegt kurz. „Am liebsten möchte ich Schneewittchen hören!"

Er hört seinem Papa gerne zu. Der verstellt nämlich die Stimme beim Vorlesen. Und wenn er wie die Hexe spricht, klingt das richtig gruselig. Als das Märchen zu Ende ist, bettelt Jonas: „Noch eins, Papa, bitte!" Aber der Vater schüttelt den Kopf. „Nein, du musst jetzt schlafen."

Nun kommt seine Mama ins Zimmer. „Gute Nacht, mein kleiner Schatz“, sagt sie. Sie beugt sich über sein Gesicht und gibt ihm einen richtig dicken Teddyschmatzer auf die Wange. „Gute Nacht, Mama, gute Nacht, Papa“, murmelt Jonas. „Bis morgen.“ Dann schläft er ein.

Ein kleiner Teddy macht also vor dem Schlafengehen genau dasselbe wie du. Er badet und putzt sich die Zähne und er nimmt seine liebsten Plüschtiere mit ins Bett. Ja, er trägt sogar einen richtigen Schlafanzug! Und eine tolle Gutenachtgeschichte hört er auch gerne, so wie du.

Der Stadtbummel

Die zehn Teddys wohnen alle in einem Haus. Neun haben sich fein angezogen, denn sie wollen heute in die Stadt gehen. „Ich bleibe lieber hier“, meint die Großmutter und setzt sich in ihren Schaukelstuhl.

Die neun Teddys machen sich auf den Weg zum Bahnhof. Als sie dort ankommen, ist der Zug schon da. „Halt! Wir möchten auch noch mit!", schreien sie und laufen los. „Na, dann aber schnell", sagt der Schaffner. „Wir fahren gleich ab." Einer nach dem anderen steigen die Teddys ein und suchen sich einen Platz.

„Sind jetzt alle Teddys im Zug?“, fragt der Schaffner. Nein, da kommt noch einer angerannt.
Oje, auf einmal springt sein Koffer auf und alles verteilt sich auf dem Bahnsteig. „He, wartet auf mich!“, schreit er. Aber der Schaffner bläst schon in seine Pfeife – tirii! – und der Zug fährt ab.

Vom Hauptbahnhof bis in die Stadt müssen die acht Teddys noch ein Stück zu Fuß gehen.
„Ich kenne eine Abkürzung", sagt einer von ihnen. „Da an dem Haus vorbei und dann über die Wiese."
Sobald sie sich dem Haus nähern, flattern plötzlich zwei Gänse auf sie zu und zischen laut – kch, kch!

Die Teddys laufen los und die Gänse hinter ihnen her. „Gleich haben sie uns!", kreischt ein Teddy ängstlich.
In dem Moment hören sie ein lautes PLATSCH! Mit dem Po zuerst ist das rosa Teddymädchen in eine Schüssel voller Wasser gefallen. „Ich bleibe hier!", schimpft es. „Mein Kleidchen muss erst trocknen. Nass laufe ich nicht herum."

Schließlich erreichen sieben Teddys den Marktplatz, der mitten in der Stadt liegt. Ein Teddy schlägt vor: „Los, wir gehen in das Spielzeuggeschäft da vorne!" – „Au ja!" – „Prima!" – „Super Idee!" Sie stürmen durch die Eingangstür und stürzen sich sofort auf die Regale und Kisten. Was gibt es da Tolles zum Spielen!

„Ich bin ein Cowboy!", ruft ein Teddy und reitet auf einem Schaukelpferd.

„Ich bin Lokführer", sagt ein anderer. Nur der kleinste Teddy spielt nicht. Er ist in den Puppenwagen geklettert und schläft tief und fest. Dort liegt er auch noch, als die anderen schon wieder weitergehen.

„Guckt mal! Da ist ja ein richtiger Zirkus mit einer Musikkapelle!", ruft ein Teddy. „Einen Tiger und eine Giraffe haben sie auch. Oh, hat die einen langen Hals!"
Alle bestaunen den Zirkus, aber bald wollen einige lieber einkaufen oder sich auch die anderen Dinge auf dem Marktplatz anschauen – außer einem.

Er holt seine goldene Trompete hervor und beginnt, mit den Musikern zu spielen.
Gleich darauf zieht die Kapelle durch die Stadt, damit jeder weiß, dass der Zirkus da ist. Der Teddy trompetet und marschiert fröhlich mit. Bald sehen ihn die anderen nicht mehr, nur seine Musik ist noch zu hören.

„Kommt", sagt ein Teddy. „Wir gehen in den Zoo." Die fünf Teddys verlassen den Marktplatz in Richtung Tiergarten. Als sie in den dunklen Stadtwald kommen und dort ein paar fremde Tiere sehen, kriegen sie ein bisschen Angst. „Da, über den Hügel!", ruft einer von ihnen. „Das ist bestimmt kürzer."

Doch als der Pandateddy den Hang hinaufstapft, bricht er plötzlich mit beiden Füßen ein! „O weh", jammert er. „Ich stecke fest!" – „Keine Angst", ertönen Stimmen aus dem Hügel. „Wir helfen dir!"

Da bekommen die anderen Teddys einen Riesenschreck. „Los, schnell weiter!", schreien sie und laufen davon.

Erst am See beruhigen sich die vier wieder. Sie schauen sich um und entdecken einen Bootsverleih.
„Kommt", meint ein Teddy, „wir mieten uns zwei Boote und paddeln ein bisschen herum." – „Ich will lieber eines für mich allein und Fische fangen!", erklärt ein anderer. Er rudert auf den See hinaus und wirft seine Angel aus.

Auf einmal hören alle ein lautes Zischen. „Hilfe!“, schreit der Teddy. „Der Angelhaken hat das Boot aufgeschlitzt, ich sinke!“ Nun muss er an Land schwimmen und ist natürlich pitschenass.

„Ich gehe nach Hause“, sagt er ärgerlich. „So macht der Stadtbummel überhaupt keinen Spaß mehr.“

Auf dem Weg zum Zoo kommen die drei Teddys nun an einem Bauernhof vorbei. „Wollen wir fragen, ob wir auf den Ponys reiten dürfen?", fragt einer.

„Ja, das machen wir", antworten die beiden anderen. Gemeinsam laufen sie über die Wiese zum Bauern, der gerade ein Feld umpflügt.

„Sicher dürft ihr reiten", sagt er. „Sucht euch nur jeder ein Pony aus. Aber Vorsicht, die können schnell laufen!"
Die Teddys steigen in die Sättel und ab geht die Post. Aber gleich beim ersten Sprung fällt einer von ihnen runter. „Aua!", schimpft er. „So etwas Blödes! Ich will nicht mehr." Also reiten die beiden anderen allein weiter.

Nun sind es nur noch zwei Teddys, die in den Zoo gehen. „Ich sehe mir die Zebras an", meint einer. Auf dem Weg dorthin isst er von seinem Popcorn. Das sieht ein Strauß und der will unbedingt etwas abhaben ... „Ih, geh weg! Nimm deinen Schnabel aus der Tüte!" Aber der riesige Vogel hört nicht auf ihn und pickt einfach weiter.

Der zweite Teddy steht vor dem Elefantengehege und bewundert die mächtigen Tiere.
„Guck doch mal!“, ruft er. „Die sind vielleicht groß!“
Aber der andere Teddy hört ihn nicht. Der Strauß lässt ihn nämlich nicht in Ruhe. „Jetzt reicht's mir!“, schimpft er und läuft durch den Ausgang geradewegs nach Hause.

Der letzte Teddy sieht sich noch ein wenig im Zoo um, aber so ganz allein macht das gar keinen Spaß. „Ich fahre heim", überlegt er und geht zum Bahnhof. Zum Glück muss er nicht lange auf einen Zug warten.

Als er zu Hause ankommt, fragt er sich: „Ob die anderen wohl schon da sind?"

Er öffnet die Haustür und – alle sind daheim! Jeder erzählt, was er erlebt hat. „Ich habe den ganzen Nachmittag Musik gemacht", erzählt ein Teddy. „Darf ich dir meinen neuen Freund, den Maulwurf, vorstellen?", fragt ein anderer. Eine Geschichte ist spannender als die andere und die Großmutter hört allen aufmerksam zu.

Schließlich sagt sie: „Ich glaube, wir alle sind vom Erzählen müde geworden und sollten jetzt schlafen gehen."
Die zehn Teddys wünschen sich eine gute Nacht und legen sich in ihre zehn Betten.
Jeder träumt vom Stadtbummel – bis auf die Großmutter, sie träumt von ihrem Schaukelstuhl.

Das Dreirad

Teddy hat Geburtstag heut!
Sieh doch nur, wie er sich freut.

„Oh, ein Dreirad! Wunderbar!
Ob ich gleich mal damit fahr?"

Hui! Da saust er aus dem Haus,
auf den Weg und geradeaus.

„Hallo, Miez! Wie geht es dir?
Schau, mein neues Dreirad hier.“

Teddy braust schnell hin und her.
„Puh“, stöhnt er, „ich kann nicht mehr.“

Teddy fährt den Weg hinauf,
mit der Katze hintendrauf.